muñecas de papel   paper dolls
trajes tradicionales españoles
traditional spanish costumes

I0435345

:DMUSE

**Mujer
de La Alberca**
The Woman
from La Alberca

**Mujer
de Montehermoso**
The Woman from
Montehermoso

**Mujer
de Cataluña**
The Woman
from Catalonia

**Mujer
de Gran Canaria**
The Woman from
Gran Canaria

**Pareja
de Mallorca**
Couple
from Mallorca

muñecas de papel   paper dolls

trajes tradicionales
españoles

traditional spanish costumes

Figurines para recortar y vestir, aprendiendo de una manera divertida, sobre los trajes tradicionales españoles.

Mujer de La Alberca, Mujer de Montehermoso, Mujer de Cataluña, Mujer de Gran Canaria, Pareja de Mallorca...

Muchos fueron los trajes que caracterizaban las regiones del país, destacando las formas de vida, la condición social, la diversidad cultural y las limitaciones geográficas. Ellos se adaptaban a las condiciones de vida, a la función social o del trabajo a realizar. Los trajes tradicionales podrían ser de trabajo, de fiesta o de ceremonia.
Su elaboración y confección siempre dio lugar a la síntesis de diversos elementos de la cultura local,
la naturaleza de las materias primas y las tecnologías utilizadas.
Los trajes Tradicionales surgen, como consecuencia de la influencia del movimiento romántico y el espíritu nacionalista que surgió en Europa en los finales del siglo XVIII. Con la Revolución Industrial la indumentaria tradicional cayó en desuso.

Learn about traditional Spanish costumes in an enjoyable way by cutting out and dressing the figures included.

Woman from La Alberca, Woman from Montehermoso, Woman from Cataluña, Woman from Gran Canaria, Couple from Mallorca...

There are many traditional costumes in Spain representing different regions, ways of life, social status and cultural diversity. The traditional costumes were adapted to meet different social needs and used for different occasions ranging from work to festivities and celebrations. Their design and manufacture are a synthesis of local culture, native materials, craftsmanship and available technology. Traditional costumes were influenced by the Romantic movement and the nationalist spirit that arose in Europe at the end of the 18th century. Upon the arrival of the Industrial Revolution, the use of traditional outfits began to decline.

muñecas de papel   paper dolls
trajes tradicionales españoles
traditional spanish costumes

CONTENTS

6 illustrated cards with traditional Spanish costumes
+ 2 Paper dolls
+ Information sheet and instructions

REQUIRED MATERIALS
Scissor

DESCRIPTION OF THE ACTIVITY
Each outfit in the book-kit represents the traditional costume
of a specific region in Spain. For each costume there is
an illustrated card.

1. First, cut out the dolls that are on the back cover.
(You can also cut the dolls that are on the last page of the book,
but you'll have to paste them on cardboard).

2. Assemble the dolls.

3. Cut off the outfits from the detachable part
of each card containing the information about the costume.

4. Dress the dolls.

Who wears a hat with a mirror on it? What is the most popular item of clothing
worn by the female peasants of Mallorca?

Discover the answers to these questions
along with other details
about traditional costumes.
Display the dolls using the included stand, or keep them,
so they can be admired at any time.

Enjoy!

CONTENIDO

6 figurines ilustrados de trajes tradicionales españoles
+ muñeca de papel
+ muñeco de papel
+ información e instrucciones

MATERIAL NECESARIO

Tijera

DESCRIPCIÓN DE LA ACTIVIDAD

En este libro-kit de muñecas de papel, cada figurina es un traje
tradicional de una región del país. A cada traje
corresponde dos hojas ilustradas.

1. En primer lugar cortar los muñecos de papel que se
enquentran en la contraporta. (Tambíen puedes cortar los boñecos
que estan en la ultima hoja del libro, pero los tendrás que colar
en una cartolina).

2. Montarlos.

3. Cortar los figurines e dejar la barra con la información de los trajes.

4. Vestir los muñecos con los figurines.

Quién lleva un espejo en la gorra? Cuál es la pieza
más popular del payés de Mallorca?

Descubre estos y otros detalles
de los trajes tradicionales.
Admire las muñecas en el soporte
incluido, o guardarlas, para las revivir
en cualquier momento.

Que se diviertan!

1.

2.

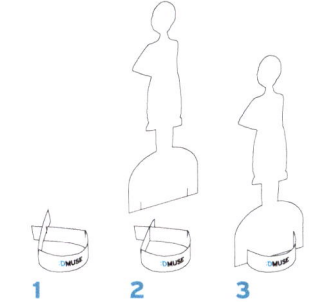

3.

4.

Mujer
de La Alberca

The Woman
from La Alberca

:DMUSE

Mujer de La Alberca

Llevamos el traje de Vistas, considerado el de mayor expresión de riqueza, señalando nuestro poder ante la comunidad e el grupo social al que pertenecemos, por la acumulación de joyas o piezas de ropa. Nuestra joyería compuesta por collares, vueltas, rosarios, brazaletes, broches, pendientes y botones, hechos en plata e corales, está cargada de elementos protectores e de simbologías religiosas. Originalmente era un traje de boda de las ceremonias en la sierra salmantina. Después ha pasado a ser la principal indumentaria de las fiestas patronales religiosas.

The Woman from La Alberca

Our traditional costume is called "traje de vistas". Through the accumulation of jewels and items of clothing, our costume is considered a great expression of wealth, reflecting our power within our community and social group. Our jewellery consists of necklaces, strands of beads, rosaries, bracelets, brooches, earrings and buttons made of silver and coral. The pieces have many religious symbols and elements that are meant to provide protection. This costume was originally a wedding dress worn in the mountain region of Salamanca, but now it is principally worn during the festivities celebrating the patron saint of La Alberca.

muñecas de papel paper dolls

trajes tradicionales
españoles

traditional spanish costumes

Mujer
de La Alberca

The Woman
from La Alberca

muñecas de papel   paper dolls
trajes tradicionales españoles
traditional spanish costumes

Mujer de Montehermoso

The Woman from Montehermoso

:DMUSE

Mujer de Montehermoso

Nuestro traje se ha impuesto como representación de la manera tradicional de vestir extremeña. Es compuesto por mantillas de diferentes colores, jubón, mandil e esclavina. Llevamos un pañuelo de cabeza por debajo del sombrero, la pieza más curiosa de nuestra indumentaria, conocida como la gorra, trenzada por nosotras en fibra vegetal. La usamos cuando trabajamos al campo o hacemos las ventas en los mercados. Las gorras para las mujeres jóvenes son muy ornamentadas e llevan lanas muy coloridas e un espejo, para las mujeres más maduras o viudas, son adornadas con lanas más oscuras o negras.

The Woman from Montehermoso

Our costume has come to represent the traditional costume of Extremadura. It consists of a colourful mantilla, a doublet, an apron and a cape. We wear a headscarf under our hat, which is the most interesting part of our costume. We weave our own hats from plant fibres and we wear them when working in the fields or selling at the market. Young women's hats are ornately decorated with colourful yarns and a mirror, while older women and widows wear hats decorated with dark or black yarn.

Mujer de Montehermoso

The Woman from Montehermoso

muñecas de papel paper dolls
trajes tradicionales
españoles
traditional spanish costumes

Mujer
de Cataluña

The Woman
from Catalonia

Mujer
de Cataluña

La calidad de nuestras ropas y tejidos, y la riqueza de la ornamentación, están de acuerdo con la prosperidad de la comarca a que pertenecemos. La indumentaria es más lujosa en las comarcas costeras, y más pobre en las comarcas campesinas.
Llevamos jubón y corpiño de lana, falda larga y delantal, camisa de lino o cáñamo, y pañuelos de cabeza y de hombros, pero los detalles muy propios catalanes son la gandaya de punto o mantilla para recorrer el cabello y las mitones de punto que tapan el brazo del codo hasta la mano sin dedos.

The Woman
from Catalonia

The quality of our clothing and fabrics and our rich ornamentation reflect the prosperity of the region we come from. Outfits are more luxurious in the coastal areas and simpler in the countryside.
We wear a doublet and a woollen bodice, a full skirt and apron, a linen or hemp shirt, and head and shoulder scarves. But the details that make our outfit especially Catalonian are the knitted hairnet or the mantilla that covers our hair and the knitted fingerless gloves that cover our forearms from elbow to wrist.

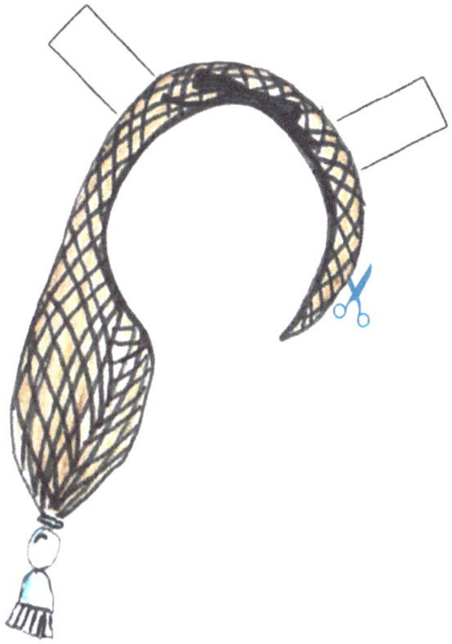

Mujer
de Cataluña

The Woman
from Catalonia

muñecas de papel   paper dolls
trajes tradicionales
españoles
traditional spanish costumes

Mujer
de Gran Canaria

The Woman
from
Gran Canaria

:DMUSE

Mujer
de Gran Canaria

Nosotras usamos con frecuencia el sombrero de fieltro fabricado en nuestra isla, que en las fiestas llevan cintillo y hebilla. Bajo ello, los pañuelos, las tocas y las mantillas solas o combinadas entre sí. Las mantillas pueden ser de lana o seda de diferentes colores, blancas, azules, encarnadas y amarillas. Nuestras sayas de lana son lisas o listadas de amarillo, encarnado y blanco.
En general las indumentarias son parecidas en todas las islas Canarias, aunque con sus peculiaridades. Curiosamente coinciden mucho con la isla portuguesa de Madeira.

The Woman
from
Gran Canaria

We often wear the felt hat that is made on our island, and during festivities we put headbands and buckles on them. Under our hats we wear headscarves, headdresses and mantillas, either singly or in combination. The mantillas are made of lace or silk and are white, blue, red or yellow. Our woollen skirts are either a solid colour or have yellow, red and white stripes. The costumes in all areas of the Canary Islands are generally the same, though each costume does have its distinctive features. Interestingly, our outfits are quite similar to those worn on the Portuguese island of Madeira.

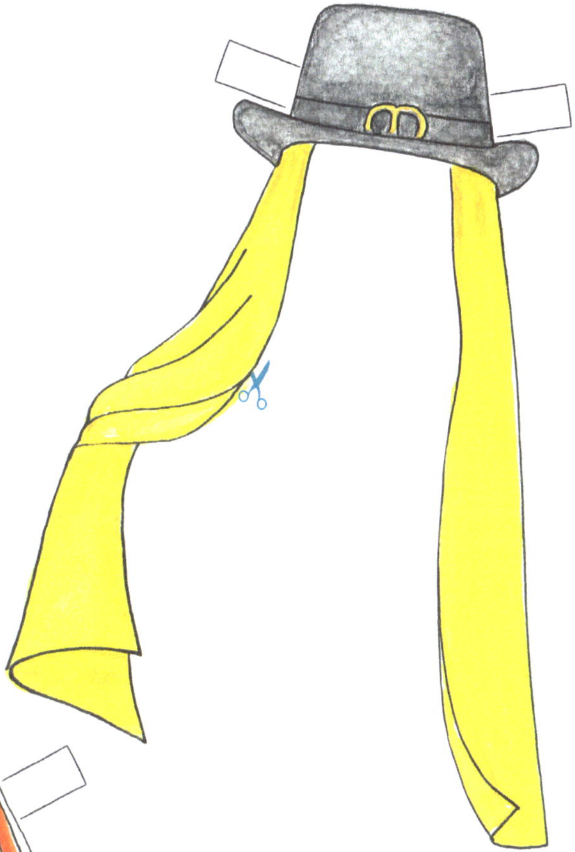

muñecas de papel   paper dolls
trajes tradicionales españoles
traditional spanish costumes

Mujer
de Gran Canaria

The Woman
from
Gran Canaria

Pareja
de Mallorca

Couple
from Mallorca

:DMUSE

Pareja
de Mallorca

El traje de payés es la vestimenta propia de las campesinas y campesinos de la Isla de Mallorca.

Es llamado "vestit de pagès" o "vestit a l'ample". Es un traje de ceremonia e de fiesta con poca diversidad de piezas, complementos o joyas, los tejidos varían según la clase social. La pieza más popular de la payesa es el "rebosillo" en forma de campana, para cubrir la cabeza e el traje de payés tiene como pieza más original, los largos calzones de amplío vuelo, los bombachos.

Couple
from Mallorca

The costume worn by peasants on the Island of Mallorca is called the "vestit de pagès" or the "vestit a l'ample". The outfit is worn for ceremonies and festivities, and there is little variation in the items of clothing, accessories or jewellery, though the fabrics vary according to social class. The most popular item of clothing in the women's outfit is the bell-shaped "rebosillo", or headdress, that covers their heads. The most original item of the peasant man's outfit is his long, flowing breeches, known as "bombachos".

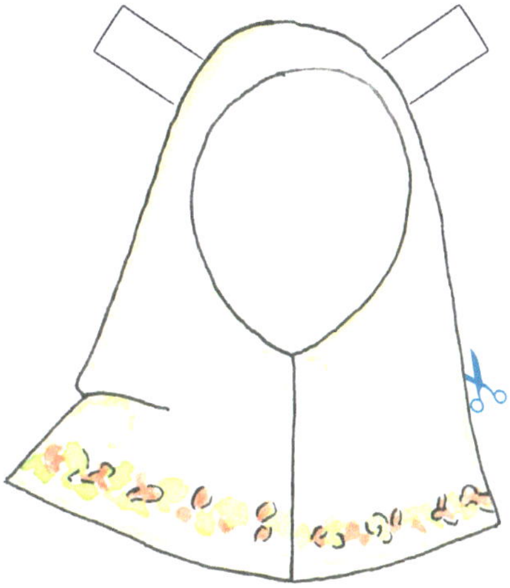

Pareja
de Mallorca

Couple
from Mallorca

muñecas de papel   paper dolls
trajes tradicionales españoles
traditional spanish costumes

CONCEPTO ORIGINAL | **AN ORIGINAL IDEA BY**
DMUSE AMUSE BY DESIGN

ILUSTRACIÓN | **ILLUSTRATIONS**
Ana Menezes

DISEÑO GRÁFICO | **DESIGN**
Cláudia Afonso

TEXTOS | **TEXTS**
Cláudia Afonso
Paula Afonso Fernandes

TRADUCCIÓN AL ESPAÑOL | **SPANISH PROOFING**
Nani Gonzales

TRADUCCIÓN AL INGLÉS | **TRANSLATION INTO ENGLISH**
Carol Ungar

EDICIÓN | **EDITION**
September 2014

www.dmuseamusebydesign.com
dmuse@dmuseamusebydesign.com